C000213173

Bolchevisme
et
Judaïsme

Par

Un Russe

Prix : **Un Franc**

PARIS

LIBRAIRIE GIARD & E. BRIÈRE

16, Rue Soufflot et 12, Rue Toullier

1919

Bolchevisme et Judaïsme

PAR UN RUSSE

Nous vivons à une époque où des événements d'importance mondiale se succèdent avec une rapidité déconcertante : chaque semaine, chaque jour même, l'Histoire enregistre un fait nouveau.

Tous les Etats, belligérants ou neutres, se trouvent atteints jusqu'au plus profond de leur vitalité sociale, politique, économique, par la crise aiguë que traverse l'Humanité. Mais aucun pays n'a, durant ces quatre années mémorables, éprouvé une secousse, pour ainsi dire cosmique, égale à celle qu'a subie la Russie : durant le grand conflit qui a bouleversé l'Europe et où elle a été une des principales forces actives, en pleine guerre, la Russie a fait une révolution politique des plus radicales. Le peuple russe a brisé, en quelques jours, toute l'armature gouvernementale et administrative qui, tant bien que mal, s'était adaptée à ses besoins durant une période plusieurs fois séculaire, et il a entrepris une suite de réformes sociales des plus profondes. En même temps, on essayait de mener à bien la grande guerre, de réparer les lacunes mêmes de l'organisation militaire — héritage aussi de l'ancien régime —, de faire oublier aux troupes la brutalité de cette discipline aveugle qui avait sévi jusqu'alors, de ranimer les soldats au souffle d'un esprit nouveau et de les conduire par la victoire à une paix juste et démocratique.

On faisait d'un seul coup 1789, 1848´ et les guerres de la Convention.

La tâche était gigantesque, l'épreuve trop dure. On a échoué. A l'heure qu'il est, on aurait mauvaise grâce à accuser tel ou tel homme d'avoir provoqué l'insuccès ou même à en rendre responsable telle ou telle ligue politique là où la seule logique des événements, implacable et fatale, suffit, étant donné le milieu, à expliquer les causes.

Après l'échec de l'offensive du mois de juillet 1917 et l'émeute bolcheviste qui se produisit à Petrograd à la fin de ce même mois, il était ou devait être évident que la politique du gouvernement révolutionnaire de Kerensky faisait faillite.

En effet, on marchait droit à la contre-révolution, avec toutes les conséquences que celle-ci devait amener dans la politique intérieure et extérieure du pays. Mais il faut avouer que cette contre-révolution est venue d'où la plupart des gens en Russie ne l'attendaient guère ; on s'attendait à une « main de fer », à un dictateur issu de l'armée ou du moins s'appuyant sur elle — la tentative du général Korniloff représentait bien cette tendance —, or la poussée contre-révolutionnaire vint de l'extrême-gauche des partis socialistes russes représentée par MM. Lénine, Trotsky et leurs coreligionnaires.

⁂

Au premier abord, il peut paraître paradoxal d'appeler « contre-révolutionnaire » un parti politique qui prétend être le plus avancé, le plus radical de tous les partis socialistes de Russie. En fait, on ne peut pas comprendre l'essence du bolchevisme russe ni les causes de son succès momentané, si l'on oublie son caractère essentiel de parti contre-révolutionnaire.

Voyons les choses de près.

Au point de vue de la doctrine socialiste proprement dite, Lénine se met ouvertement en opposition avec les dogmes de l'Internationale socialiste de nos jours. Il renie les trois principes fondamentaux de l'action des partis socialistes contemporains, à savoir : 1° le principe démocratique, 2° l'action parlementaire, 3° la subordination de l'action socialiste aux conditions du développement économique et technique de chaque pays.

Contre le principe démocratique du « plus grand bien du plus grand nombre des éléments sociaux » Lénine prêche la dictature d'une *minorité agissante*, porte-parole de son idéal.

Quant à l'action parlementaire, d'après Lénine elle est surannée. Il lui oppose le système des *soviets* — conseils — locaux, qui n'est en somme rien autre qu'un système de « Communes » anarchistes fédéralisées. Dans chaque soviet local sont représentés non les intérêts de la communauté, mais uniquement ceux de la minorité agissante, c'est-à-dire des bolcheviks locaux. Il est évident que le congrès des représentants de tous ces soviets locaux ne représentera à son tour que les intérêts de cette même minorité agissante (1). Cela explique le fait qu'au congrès des soviets, qui se tint à Moscou et eut l'audace de ratifier, au nom de toute la Russie, le traité de paix avec les Empires centraux, les bolcheviks aient eu une majorité écrasante, alors que, à la Constituante, élue au suffrage universel et proportionnel, avec le vote des soldats au front, ils n'étaient qu'une faible minorité, bien que les élections se fussent effectuées pendant leur passage au pouvoir et à un mo-

(1) Il est arrivé dans les villes de Rostof, Nijni-Novgorod, Samara, Slatoust, Sormovo — pour ne citer que celles-là — que la minorité agissante des bolcheviks était si insignifiante, que les soviets locaux se trouvaient avoir, même après maint « triage », une majorité antibolcheviste. On sait que dans ces cas les soviets indésirables étaient dissous par la garde rouge, laquelle organisait *manu militari* les nouvelles élections.

ment où ils exerçaient une pression formidable sur les électeurs.

Enfin, à l'encontre de la théorie marxiste de la subordination de l'action socialiste aux conditions du développement économique et technique de chaque pays, Lénine proclame la possibilité, même pour un pays où le capitalisme ne s'est que faiblement développé, de passer immédiatement et directement à l'organisation collectiviste de la vie économique.

On voit qu'au point de vue de la doctrine, Lénine ne peut aspirer au titre de socialiste, dans le sens moderne de ce mot. La doctrine bolcheviste est en effet toute empreinte de l'anarchisme de Bakounine et de Lavrov. A peine pourrait-on la comparer au syndicalisme italien ou au tout récent syndicalisme anglais présenté par Mr. Coole dans son livre paru en 1913 et intitulé « *The National Gilds.* » Du reste les bolcheviks eux-mêmes le reconnaissent dans une certaine mesure, puisqu'ils ont été jusqu'à changer le nom de leur parti en celui de « communiste ».

A la doctrine antidémocratique et non socialiste des bolcheviks correspondent parfaitement le régime politique et l'action pratique qu'ils introduisirent en Russie et qu'ils empruntèrent *mutatis mutandis* aux méthodes du tsarisme.

Voyons d'abord quel avait été le régime que les bolcheviks venaient de renverser, le régime politique du gouvernement de Kerensky. Que l'on se représente un régime de liberté absolue, au point de vue politique comme au point de vue civil, d'une liberté poussée à l'extrême et maintenue en pleine guerre ; on eût dit que le peuple russe, las de plusieurs siècles d'oppression, s'enivrait maintenant, buvant à pleines gorgées ce précieux nectar de la liberté si longtemps défendu. Tout était permis : les soldats discutaient les ordres de leurs chefs ; les anarchistes et les antimilitaristes impri-

maient leurs feuilles et les répandaient dans l'armée.
Dans les villes comme dans les campagnes, il n'y avait
que réunions publiques, meetings, discussions politiques
et sociales. Partout, les opinions les plus diverses étaient
librement exprimées. Que de fois on fit observer que la
presse bolcheviste constituait un danger pour l'Etat !
Mais le scrupule de la liberté de pensée était trop puis-
sant chez Kerensky pour qu'il bâillonnât une presse
hostile. A maintes reprises, on indique la nécessité de
mettre fin aux agissements de Lénine et de ses coreligionnaires, en alléguant notamment leur complicité avec
l'Allemagne ; or, aucune mesure ne fut prise contre eux
par scrupule de la liberté de parole, de l'inviolabilité de
la personne. Avec l'exercice d'une liberté aussi absolue,
on conviendra qu'il était aisé d'affaiblir très rapidement
l'autorité du pouvoir central et on s'expliquera que ce
dernier, au moment de l'insurrection bolcheviste, n'ait
pu opposer aucune résistance digne d'être mentionnée.

Il va de soi que cette liberté, que l'on peut préconiser
pour une période normale, était déplacée en temps de
guerre et d'ailleurs mal adaptée au niveau culturel du
peuple russe. Mais c'était bien là l'idéal d'un régime
démocratique et d'un gouvernement socialiste.

Tandis que Kerensky n'a pas su sortir de ses éter-
nelles contradictions avec lui-même, — Kerensky socialiste n'a jamais pu s'accorder avec Kerensky homme
d'Etat — la tâche de Lénine fut plus aisée. N'étant pas
un vrai socialiste et se désintéressant de l'Etat proprement dit, il n'avait qu'un seul souci, celui d'amener au
pouvoir et d'y maintenir le plus longtemps possible la
« minorité agissante » qu'il représentait.

De là provient l'introduction du système dit de terreur rouge : tout ce qui est contraire aux intérêts de la
minorité agissante — des bolcheviks — est déclaré
« bourgeois » ou « socialiste rénégat » et doit être mis
par tous les moyens dans l'impossibilité de nuire. Li-

berté de parole, de réunion, droit souverain du peuple
représenté par sa Constituante, tout cela est déclaré
préjugé bourgeois. En revanche, la suppression des journaux — y compris les journaux socialistes —, les arrestations arbitraires, l'incarcération des hommes politiques, — y compris les socialistes, — les exécutions en
masse, sans jugement, les perquisitions arbitraires, la
dissolution des réunions, la fusillade des manifestants
paisibles, tout ce qui peut servir les intérêts de la minorité agissante est permis ; on fait fi de tous les principes de démocratie et de liberté politique.

*
*   *

Au nom de qui parlent, en somme, les représentants
de la minorité agissante ? Les coreligionnaires de Lénine emploient volontiers l'expression classique de « dictature du prolétariat ». Quand les fondateurs du socialisme moderne déterminaient cette notion, ils lui don-
naient un sens nettement défini : pour eux la dictature
du prolétariat marquait l'arrivée au pouvoir de la classe
productive de la société capable de prendre en mains
l'organisation économique de l'Etat; c'était l'aboutissant
d'une longue évolution capitaliste de la société, aboutissant qui supposait des conditions à la fois techniques,
sociales et culturelles ayant atteint un très haut degré
de perfection. Or, il va de soi que toutes ces conditions
font défaut dans un pays comme la Russie, à peine
affranchie d'un ordre social et politique quasi féodal,
dans un pays où l'on entrait à peine dans la phase capitaliste. Par conséquent, tenter d'accomplir une révolution socialiste en Russie, est pire que la plus dangereuse
des utopies — les leaders bolchevistes ne peuvent d'ailleurs se faire aucune illusion à ce sujet, — c'est tenter
la destruction voulue et systématique des forces productives et créatrices du pays, c'est se vouer à une œuvre

qui entrave le développement de la société, à une œuvre
foncièrement réactionnaire et qui lèse au premier chef
les intérêts bien compris du prolétariat russe.

Mais, d'ailleurs, bien ou mal compris, ces intérêts des
trois millions de prolétaires russes sont-ils au moins
représentés par les bolcheviks, et la politique de ceux-ci
est-elle vraiment exigée par la classe ouvrière ? C'est là
une question au sujet de laquelle beaucoup de gens en
Occident se font de très dangereuses illusions. D'abord
il ne faut jamais perdre de vue que les ennemis les plus
implacables et les plus résolus des bolcheviks sont, avant
tout, tous les partis socialistes russes. On devra remar-
quer tout particulièrement que les trois nuances du parti
socialiste révolutionnaire — la gauche de ce parti soutint
d'abord les bolcheviks, mais rompit définitivement avec
eux après le traité de Brest-Litovsk — et le parti social-
démocrate menchevik, qui forment la majorité de la
représentation nationale russe au sein du bureau socialiste international, ont certainement plus de titres à la
représentation des ouvriers russes. De même les organisations coopératives, qui comptent dix millions de
membres aux idées politiques des plus avancées et ont
à leur tête un bon nombre, sinon une majorité de socialistes, se sont partout montrés hostiles au bolchevisme.
Il serait impossible de dresser la liste des nombreux syn-
dicats ouvriers qui protestèrent contre le régime de
Lénine. Voici quelques extraits de journaux russes ré-
cents relatant des faits qui mettent en relief la vraie
mentalité des ouvriers du pays, ainsi que les méthodes
politiques des bolcheviks « représentants du prolétariat. » Tous les journaux que nous citons ne sont que
des journaux socialistes.

A Sormovo, qui est un centre industriel très important, devait
se réunir, le 9 juin, une « Conférence » des délégués des usines
et fabriques de Nijni-Novgorod, de Sormovo, Pavlovo, Vorsna,
Mourom, Viaznikoff, Kovroff, Vyksy et différents autres centres

2.

ouvriers de la région de la Volga. Pour faire un digne accueil aux représentants des ouvriers, — raconte la *Novaia Jizn*, journal de Gorky — les agents du gouvernement bolchevik ont fait venir à Sormovo des gardes-rouges et ont placé des mitrailleuses dans les rues. Dès le matin, ils ont fait occuper tous les locaux disponibles, et les délégués ont dû se réunir, clandestinement, dans une petite pièce du club social-démocrate. Le soir, la garde-rouge s'est mise à tirer dans toutes les rues. Le club où siégeait la conférence a été pris d'assaut et mis à sac. Résultat : un ouvrier tué, plusieurs blessés et un grand nombre molestés. Le lendemain la conférence s'est réunie à l'usine de Sormovo, sous la garde des ouvriers. A l'issue de la conférence les délégués ont été fouillés par les gardes-rouges qui ont saisi leurs mandats et les autres documents dont ils étaient porteurs. Plusieurs délégués ont été sommés de quitter immédiatement la ville (1).

Les journaux socialistes *Nascha Rodina* et *Vozrojdenié*, qui relatent les mêmes faits, ajoutent qu'à la suite de cette conférence, de nombreuses arrestations ont été opérées parmi les ouvriers de Sormovo. Le Comité exécutif du Congrès ouvrier a lancé, à ce propos, une proclamation où on peut lire ce qui suit :

« Les ouvriers n'en peuvent plus. Nous vivons tous sous le pouvoir des baïonnettes. On nous tue, on nous traite comme les derniers des esclaves. *A bas l'absolutisme !* Vive la Constituante ! Vive l'émancipation de la classe ouvrière ! »

Une grève générale en est résultée dans les gouvernements de Nijni-Novgorod et de Vladimir qui, d'après la *Nascha Rodina*, a eu le cours suivant :

Nijni-Novgorod 18 juin. Ce matin a commencé la grève politique de protestation contre les arrestations et les fusillades de Sormovo. Toutes les fabriques et usines chôment. L'Union des employés de commerce a adhéré à la grève et la plupart des magasins sont fermés, malgré la menace du Soviet de confisquer les marchandises. Les ouvriers du port chôment aussi. Une partie seulement a consenti, sur les instances du Soviet, à continuer le travail de déchargement des denrées. Toute la ville est transformée en un camp militaire. En beaucoup d'endroits sont placés des canons et des mitrailleuses dans les rues du faubourg Kanavine où se trouvent la plupart des usines et par où passe la route qui conduit à Sormovo.

A la suite d'une conférence ouvrière tenue à Moscou et qui a été dissoute, les autorités bolcheviks ont arrêté 58 délégués. Douze d'entre eux, dont un membre du Soviet de Briansk, le secrétaire de l'Union des Ouvriers du Livre, un membre de la Constituante, un membre du Soviet de Moscou — ont lancé, de

(1) *Novaia Jizn* du 18 juin 1918.

leur prison, l'appel suivant « à tous les ouvriers et à tous les citoyens russes » :

« Nous, soussignés, prisonniers politiques, au nombre de douze détenus, à la prison « Taganka » à Moscou, prisonniers du pouvoir bolcheviste, nous nous adressons à vous, camarades et citoyens, par-dessus les murs de la prison où nous a enfermés le gouvernement léniniste. Ouvriers socialistes et vieux militants du mouvement révolutionnaire et prolétarien, anciens prisonniers du régime tsariste, nous sommes privés de liberté par le « gouvernement ouvrier et paysan » de la « République socialiste ».

L'appel expose ensuite les circonstances de la dissolution de la « Conférence » du 13 juin et de l'arrestation des délégués.

« Après la perquisition, on nous a conduits, 58 délégués, dont 50 ouvriers, représentants du prolétariat de Moscou, de Petrograd et de Toula — à Loubianka, où siège la Commission extraordinaire de Dzerjinsky (1), où l'on nous a enfermés dans une cellule, sans rien nous donner à manger jusqu'au lendemain matin. Durant la nuit, on nous a conduits, un à un, à l'interrogatoire... Aucune accusation n'a été formulée contre nous...

« Dans cette maison de Loubianka, les cellules sont remplies de gens de toutes les situations et de tous les âges, depuis des enfants jusqu'aux vieillards, qui restent là durant des semaines sans subir aucun interrogatoire, sans savoir de quoi on les accuse.

« Camarades et citoyens ! Le pouvoir commet les plus grandes folies... Le pouvoir attente à tout ce que le peuple a conquis par la Révolution... On enlève aux ouvriers le droit de réunion, on les laisse sans défense...

« Le seul fait de notre arrestation et de la dissolution de la conférence ouvrière... vous montre que ce pouvoir commet un faux en se donnant le nom de « pouvoir ouvrier ». Plus on va, plus ce pouvoir découvre la « contre-révolution » dans la classe ouvrière, et plus les prisons russes, comme sous le régime tsariste, se remplissent d'ouvriers socialistes.

« La classe ouvrière est un danger. Le pouvoir des commissaires est dirigé contre le prolétariat, contre la démocratie, contre le pays entier. Par le présent appel, nous, douze prisonniers du gouvernement bolcheviste, tous militants, occupant des postes de confiance dans les organisations ouvrières et socialistes, nous protestons hautement contre notre arrestation et contre la violation du droit ouvrier de réunion, commise par les agents du gouvernement absolutiste, le 13 juin. Nous protestons contre les exécutions sauvages dont est victime la classe ouvrière qui, au

(1) La fameuse commission de lutte contre la contre-révolution et la spéculation.

bord de l'abîme, cherche les moyens de sauver et de libérer la Russie et les masses des travailleurs... »

Voici une dépêche de la ville ouvrière d'*Orekhovo-Zonevo*, publiée par le journal *Vozrojdenïé* (du 18 juin) :

« Par ordre du commissaire militaire, la ville est déclarée en état de siège. La cause en est la grève des ouvriers du tissage Morozoff. Les ouvriers se sont mis en grève pour protester contre l'arrestation des travailleurs qui ont parlé dans des réunions sur les événements de Petrograd. De nombreuses perquisitions et arrestations ont été opérées. »

A *Tver*, le Soviet bolchevik met, par décret, hors la loi, toutes les organisations non bolchevistes, y compris celles du parti socialiste-révolutionnaire. Le décret dit que l'existence de ces organisations, dans les limites du gouvernement de Tver, est interdite, et que les personnes convaincues d'appartenir à ces groupements seront traduites devant le tribunal révolutionnaire (1).

Les ouvriers de *Toula* donnent à leurs délégués un « nakaz » qui réclame la remise immédiate du pouvoir au peuple, en la personne de ses élus, par le suffrage universel : à la Constituante et aux municipalités, l'unification de la Russie et de sa vie économique, le rétablissement de la liberté de conscience et de la parole, de réunion et d'association, l'abolition immédiate de la peine de mort, la cessation de la guerre civile, le recensement des troupes mercenaires, etc. (2).

Les ouvriers du Livre, à Moscou, demandent le rétablissement de toutes les libertés conquises par la révolution, la cessation des persécutions contre tous ceux « qui ne pensent pas comme la clique dirigeante », la convocation de la Constituante, élue au suffrage universel. L'article 4 de leurs doléances dit : « Nous demandons qu'on cesse d'abuser de notre nom, car nous, ouvriers, nous considérons que sous le drapeau du pouvoir des Soviets et de la dictature du prolétariat, se réalise effectivement la dictature sur le prolétariat. Le pays est gouverné, non par des Soviets composés des représentants authentiques des larges masses du prolétariat, mais par des bandes de fanatiques... »

Les ouvriers des usines de *Poutilov*, réunis en un meeting monstre, déclarent dans leurs résolutions « qu'ils sont innocents, quant au sang qui va être versé au moment où l'armée rouge envahira la campagne pour s'emparer du blé des paysans, à l'aide de fusils et de mitrailleuses. »

Voici, d'après la *Novaia Jizn* de Gorky, la résolution des ouvriers de l'imprimerie du *journal bolchevik* « *Krasnaia Gazeta* » (le Journal Rouge) :

(1) *Nacha Rodina*, du 19 juin.
(2) *Novaia Jizn*, du 18 juin.

« Nous, ouvriers du *Journal Rouge*... indignés par le massacre
d'ouvriers affamés à Kolvino, flétrissons les auteurs responsables
de cet abominable crime ; nous protestons contre l'étranglement
de la presse qui se pratique ces derniers temps avec un cynisme
particulier ; nous réclamons la liberté de la presse, de réunion,
etc. ; nous réclamons le rétablissement immédiat des institu-
tions électives de l'administration locale. A bas la guerre civile !
A bas la honte de Brest-Litovsk ! Vive la Constituante ! »

De fait, il est vrai que la dictature établie par les bolcheviks n'est nullement la dictature dite du prolétariat,
mais bien celle du *lumpen-prolétariat*, pour employer
l'expression allemande, chère aux leaders du parti en
question. En effet, la masse qui soutient le gouvernement de Lénine, c'est la foule croissante des chômeurs
et des déclassés des différentes couches sociales dont la
famine et la ruine du pays a fait une armée de mercenaires, la fameuse « garde rouge ». Cette bande armée
défend les intérêts de ceux qui l'ont organisée, de ceux
qui la paient aux frais des classes productives de la
société et autorisent toutes ses violences et tous les
excès auxquels elle se livre aux dépens de la population.
Le soi-disant socialisme de Lénine est bien un socialisme à rebours, car il établit en réalité la dictature des
éléments parasitaires et non productifs de la société.

Ayant reconnu dans les méthodes bolchevistes cel'es
de l'ancien régime russe et ayant compris par ailleurs que
la seule différence entre les deux systèmes reposait
sur la substitution d'une minorité agissante à une autre,
les monarchistes d'extrême droite avaient, dès le début
du régime bolcheviste, autorisé leurs membres à prêter
leur concours à toutes les organisations de ce régime. Ils
espéraient pouvoir, avec le temps, renverser les bolcheviks en s'infiltrant dans toutes leurs organisations et es-
timaient, non sans raison, qu'ils pourraient s'appuyer le
cas échéant, sur une grande partie de la garde rouge,
laquelle est disposée à se vendre au plus offrant et

n'aura guère de scrupules ni d'hésitations à changer de
couleur et à se transformer en de nouveaux « Cent
noirs ». C'est ainsi que des hauts fonctionainres de
l'administration tsariste, tels que l'ancien ministre Kour-
loff et l'ex-directeur du département de la police Belets-
ky mirent leur expérience administrative à la disposi-
tion du gouvernement de l'Institut Smolny et furent
consultés par les bolcheviks en mainte circonstance.

A ce propos, je ne saurais résister au plaisir de rap-
peler une curieuse coïncidence. Un des ministres bolchevistes déclarait naguère que la Russie n'était susceptible d'être gouvernée que par un gouvernement ou
autocratique ou bolcheviste ; or, on sait que, une tren-
taine d'années auparavant, un des plus grands hommes
d'Etat de l'ancien régime et un des plus ardents réactionnaires, M. Pobiedonosteff, avait émis une opinion
fort semblable : « Considérant l'âme du peuple russe
comme étant par nature fort disposée à l'anarchie, il
faut une « main de fer » pour maintenir ce peuple en
Etat organisé. *Si jamais l'autocratie venait à perdre
l'autorité en Russie, n'importe quelle bande d'aventu-
riers,* REVENANT A NOTRE SYSTÈME DE GOUVERNEMENT,
*pourrait s'emparer du pouvoir et s'y maintenir pendant
quelque temps.* » Ainsi s'exprimait le réactionnaire
Pobiedonosteff. Nous n'abuserons pas de l'ironie facile
en rapprochant l'esprit politique de Pobiedonosteff des
principes qui caractérisent un certain ministre bolcheviste, le bras droit de M. Trotsky, qui ne voit lui
aussi dans le peuple russe qu'un sujet docile, toujours
prêt à se soumettre à n'importe quelle expérience
sociale que voudra tenter une minorité agissante pour-
vu que celle-ci le traite avec une « main de fer ».

Point n'est besoin de dire que ces deux hommes
se trompent grossièrement et que les bolcheviks, tout
comme l'étaient les réactionnaires, sont voués à une

expiation cruelle pour avoir osé insulter ainsi la nation russe.

⁎⁎

Le fait que les bolcheviks aient pu se maintenir durant plus d'un an au pouvoir dans les provinces centrales de la Russie ne peut aucunement être invoqué comme attestant la viabilité de leur gouvernement. Des indices certains nous démontrent au contraire que la force destructive, anarchique, antisociale qu'est le bolchevisme est hors d'état d'organiser une forme de société quelconque. Suivant une formule couramment employée en Russie, le bolchevisme « est mort depuis longtemps, mais on manque encore des éléments nécessaires pour l'enterrer ».

Les causes de cette existence factice du bolchevisme sont multiples : en premier lieu, il faut reconnaître que la famine, la ruine et la désorganisation complète du pays rendent extrêmement difficile une lutte méthodique et systématique contre les partisans de Lénine et de Trotsky ; en second lieu l'état de choses créé par la guerre mondiale a singulièrement favorisé ce gouvernement de fortune en lui assurant l'appui continuel de l'Allemagne et en garantissant l'absence des Alliés susceptibles de soutenir efficacement le mouvement antibolcheviste ; mais la cause principale de ce semblant de vitalité est certainement l'ignorance politique des masses jointe chez les classes aisées au manque de ce que les révolutionnaires de 1789 désignaient très nettement sous le nom de « civisme ». Le bolchevisme, en effet, n'a pu se maintenir ni en Sibérie, ni en Ukraine ni au Caucase ni sur Le Don, parce que dans toutes ces régions, pour des raisons historiques différentes, le niveau des masses ainsi que leur esprit d'indépendance et de civisme a toujours été supérieur à celui de la population grande-russienne des provinces centra-

les. Que ceux qui croient voir dans le mouvement bolcheviste une preuve de progrès social, méditent ce sim-
ple fait de la géographie du bolchevisme. Ce mouvement social n'a pu réussir que dans les contrées où les
masses sont les plus ignorantes et les plus entraînées
par le servilisme politique de l'ancien régime.

C'est du reste pour cette raison que le bolchevisme
est impossible en France. En Allemagne, même une
défaite militaire ne pourra jamais provoquer un mouvement populaire susceptible de revêtir les caractères
du bolchevisme russe.

Quelles que soient les apparences ultramodernes du
bolchevisme, le régime anarchique et antisocial de Lénine est issu en ligne directe du pouvoir arbitraire et
antisocial du dernier des Romanoff.

Il y a des pays où les gouvernants et les classes diri-
geantes ont la vieille habitude d'attribuer la responsabilité de tous les malheurs survenus dans l'Etat à un
petit groupe ethnique distinct du gros de la population.
Il en a été ainsi en Turquie avec les Arméniens et la
tradition établie par les sultans autocrates a été conti-
nuée par les jeunes turcs parlementaires. Des accusa-
tions semblables ont été prononcées, de longue date
contre les Juifs en Russie. Pendant cette guerre encore
les Juifs russes ont été déclarés par le gouvernement
tsariste, coupables de différents phénomènes d'ordre
social, dont les autorités ne voulaient pas avouer
qu'elles étaient responsables.

Des échecs militaires comme la retraite de Galicie,
dû au défaut de munitions et d'artillerie, ainsi qu'à la
conduite criminelle du ministre de la guerre, étaient
officieusement attribués à la trahison et à l'espionnage
des Juifs russes ; le manque de vivres, dû en réalité à

une crise extrèmement aiguë des transports et à l'incapacité organisatrice des administrations, était imputé aux manœuvres d'accaparement et de spéculation des mêmes Juifs. On a été jusqu'à déclarer officiellement que c'est la malveillance sournoise des Israélites de Russie qu'il faut incriminer la raréfaction de la petite monnaie — phénomène économique qui, pendant la guerre, s'est produit dans tous les pays belligérants, mais a été aggravé en Russie par la politique imprévoyante de la Trésorerie.

Cette habitude traditionnelle de l'ancien régime qui consiste à faire des Juifs les « boucs émissaires », dès qu'un malheur s'abat sur la Russie, a été reprise d'un cœur léger par une partie de ceux à qui incombe la vraie responsabilité de n'avoir pas su prévenir le danger bolcheviste.

Le fait que parmi les leaders bolchevistes on trouve plusieurs noms juifs, a servi de prétexte pour affirmer cette chose aussi mensongère qu'absurde, que le bolchevisme est un produit juif et une vague d'antisémitisme a été de ce fait provoquée dans une partie de la société russe. De même des idées fausses et erronées ont été répandues dans les pays de l'Entente sur le rôle joué par les Israélites de Russie dans le mouvement bolcheviste. La question demande donc une mise au point.

⁂

C'est un fait connu que les israélites russes ont joué un rôle considérable dans la lutte pour la liberté politique en Russie.

Parmi les partis révolutionnaires et socialistes russes d'avant la guerre on comptait un grand nombre d'adhérents israélites et dans les comités directeurs de ces partis les membres israélites formaient souvent la bonne moitié. Le régime intolérable d'oppression et

d'arbitraire dont ils avaient à souffrir obligeait beaucoup d'israélites appartenant à des couches sociales
conservatrices de par leur nature, à se ranger parmi les
partis révolutionnaires et socialistes.

Pour tous ceux-là, la révolution du mois de mars
1917 marque une date décisive. La liberté, les droits
politiques et civils une fois acquis, ils redevenaient
l'élément conservateur, l'élément d'ordre dans l'Etat,
tel qu'il est sanctionné par la tradition historique et
religieuse des juifs.

Mais ce n'est pas seulement pour la bourgeoisie et
les intellectuels israélites — les privilégiés d'entre les
juifs russes — que la révoluion du mois de mars 1917
marquait une ère nouvelle.

Il en a été de même pour toute la masse des artisans,
petits commerçants et industriels enfermés dans la
fameuse zone de résidence. Un vaste champ d'activité
s'ouvrait devant eux. Individualistes par excellence, ils
ne pouvaient désirer que l'affermissement du nouveau
régime et des garanties légales pour l'activité économique individuelle. Il est facile de comprendre à quel point
le régime de monopoles d'Etat et de « socialisations »
introduit par les bolcheviks contredisaient les intérêts
de cette grande masse de la population juive de Russie. Enfin la classe ouvrière juive représentée par le
parti socialiste Bound, s'est montrée dès le début très
hostile au mouvement bolchevique et depuis elle n'a
cessé de le combattre.

La grande masse de la population juive en Russie
habitait comme on sait les dix provinces de la Pologne
— où ils formaient plus de 14 0/0 de la population —
la province de Vitebsk et les provinces situées à l'ouest
de la Dvina et du Dniéper — où ils formaient de 7 à
15 0/0 de la population — ; ensuite venaient les quatre provinces de Tchernigor, d'Ekaterinoslav, de Poltava,
et de Tavritcheskaia, où les Israélites atteignaient la

proportion de 4 à 5 0/0 de la population ; dans le reste de l'Empire, ils en atteignaient à peine 1 0/0. Or, précisément, dans toutes les provinces où l'élément israélite varie de 4 à 15 0/0, l'autorité des bolcheviks n'a pas été reconnue. Il en est de même pour la Pologne. Il serait vraiment très curieux de savoir comment ceux qui croient ou plutôt feignent de croire au rôle prépondérant joué par les juifs dans le mouvement bolcheviste pourraient expliquer que le régime de Lénine s'est implanté dans le cœur même de la Grande Russie, dans ces provinces centrales qui sont les plus homogènes au point de vue slave et où l'élément juif atteint à peine 1 0/0.

Des faits concluants mettent en lumière les sentiments et les opinions politiques des israélites russes.

Depuis la révolution bolchevique des élections ont eu lieu dans toutes les communes israélites de Russie. Les élections se faisaient au suffrage universel. Partout les candidats bolcheviques ont été battus à plate couture. A Petrograd et à Moscou les bolcheviks n'ont même pas osé présenter leurs candidats.

Les socialistes modérés ont recueilli environ 25 0/0 de suffrages. Le reste a été réparti entre les partis bourgeois et sioniste.

Le mouvement sioniste a gagné beaucoup de terrain en Russie. Le succès de sioniste est dû en partie à la réaction des masses juives contre le régime des bolcheviks, ainsi que contre la menace croissante de l'antisémitisme.

Les sionistes fondent toutes leurs espérances sur la victoire complète des alliés. Je me rappelle le grand meeting de Moscou où le consul général d'Angleterre, M. Lockhart, a été acclamé par des milliers de juifs, fêtant la proclamation par l'Angleterre de la Palestine indépendante. Si le transport était praticable les sionistes russes auraient envoyé à eux seuls des dizaines de milliers d'engagés volontaires combattre pour la cause commune des Alliés. Dans le grand parti libéral russe, dit parti cadet, les juifs sont les partisans peut-être les plus ardents et les plus actifs de l'Entente. La raison en est très naturelle, car les Juifs russes n'oublient pas que la réaction et l'oppression des petites nationalités, dont ils ont tant souffert, leur viennent de l'Allemagne.

Lors du fâcheux incident avec M. Milioukoff, ce furent l'israélite M. Vinawer à Petrograd et l'israélite M. Lev Eliacheff à Moscou qui, au sein du comité directeur du parti cadet, combattirent à outrance la nouvelle orientation « neutraliste » de l'ancien leader du parti. Ils ont largement contribué à provoquer la décision du comité directeur désapprouvant entièrement l'attitude de M. Milioukoff (1).

Chaque peuple a ses anarchistes et ses « bolcheviks ». Les juifs russes ont aussi les leurs. Mais s'il est vrai que Lénine qui est le véritable père du bolchevisme, n'incarne réellement pas l'âme du peuple russe, il est bien plus certain encore que M. Trotsky ne peut nullement prétendre représenter les sentiments, les aspirations et les opinions des juifs russes. Remarquons en passant, que parmi les quatre noms juifs des bolcheviks en vue — Trotsky, Kameneff, Zinofieff et Joffe — trois (Trotsky, Kameneff, Joffe) sont des noms des convertis ! M. Trotsky et ses comparses n'ont de commun avec les juifs russes que leurs noms d'origine qu'ils ont pris toutes les peines du monde à cacher et à transformer en noms russes.

Ils sont, il est vrai en partie des produits de l'ancien régime russe, des persécutions religieuses et politiques, des dizaines d'années passées en exil, le produit d'une vie pleine de misère, d'injustice et d'outrages.

(1) La présente brochure était écrite lorsque les journaux ont publié un télégramme de Copenhague annonçant que M. Vinaver est aujourd'hui à la tête du parti cadet et chargé d'entreprendre une vigoureuse opposition contre M. Milioukof.

Mais leur mentalité est tout à fait particulière et essentiellement contraire à l'esprit juif.

En effet, ils sont anarchistes, tandis que les Juifs ont une vénération innée pour l'ordre et l'Etat, vénération sanctionnée pour eux par la tradition historique et la religion. Ils ont la haine de l'individualisme, qui est au contraire un trait des plus caractéristiques du Juif moderne. Enfin ils forment un élément destructeur par excellence dont aucun milieu social juif n'aurait toléré la présence ; à plus forte raison, les Juifs ne sauraient reconnaître comme chefs de tels hommes. Trotsky, du reste, renie à chaque occasion ses liens avec les Juifs russes. Au début de la révolution bolchèvique, une délégation de la communauté israélite de Moscou s'est présentée auprès de lui pour essayer de lui démontrer à quelles épreuves douloureuses sa politique et celle de ses amis conduisaient le pays. Trotsky arrêta court l'allocution du délégué. « Vous vous êtes trompé d'adresse », répondit-il, « je ne suis pas Juif, je suis internationaliste. Je n'ai rien de commun avec vous. Toute conversation entre nous est inutile. Nous ne nous entendrons jamais. »

Les quelques intellectuels juifs qui participent au mouvement bolchevique sont tous des anciens exilés et des hommes de partis. Leur éducation générale et politique n'a pas été régulière et suivie. Les lacunes y sont nombreuses ; adaptées aux besoins pratiques du parti, elle a toujours été bornée et tendancieuse.

Aucun des vrais intellectuels juifs en Russie, les universitaires, les écrivains, les savants, ne peut être accusé d'avoir servi les bolcheviks ; malheureusement, on n'en peut pas dire autant de tous les Russes chrétiens. Un écrivain de grand talent comme M. Serafimovitch, des professeurs comme M. Pokrovsky et Fritche, des officiers supérieurs comme le général Svetchnikoff ont épousé la cause bolcheviste.

Les Juifs russes, appartenant à différents partis politiques n'ont cessé de combattre — aussi bien par la parole que par l'action — les bolcheviks.

Au début de la Révolution bolcheviste, les partis socialistes révolutionnaires et social-démocrates mencheviostes essayèrent de lutter contre les bolcheviks au sein même des soviets. Le comité exécutif central des soviets les expulsa de son assemblée le 15 juin. A cette occasion, lors d'une séance orageuse du comité exécutif, ce furent les Israélites Kogan-Bernstein — au nom du parti socialiste révolutionnaire — Abramovitch et Dan — au nom du parti social-démocrate mencheviste — qui flétrirent dans les termes les plus violents la politique anti-démocratique et anti-nationale des bolcheviks. Ce fut encore l'Israélite Dan qui, au risque de se faire lyncher par un auditoire hostile, que surexcitait l'influence de la démagogie bolcheviste, eut le courage, au sein même du comité exécutif des soviets, d'appeler les masses ouvrières à la révolte contre la tyrannie des bolcheviks, traîtres à la démocratie. Vous ne trouverez pas de Juifs parmi les gardes rouges. Au contraire dans les rangs des gardes blancs on peut trouver la presque totalité des jeunes officiers juifs promus sous le gouvernement de Kerensky, un grand nombre d'étudiants, d'intellectuels, de bourgeois et même des ouvriers juifs.

Parmi les premiers qui ont répondu aux mesures de terreur bolcheviste par des actes de violence se trouve une Juive, Dora Kaplan, qui a attenté à la vie de Lenine et qui a été exécutée depuis, et le Juif Kannengiesser qui a tué Ouritzky. Le Juif Vilenkin — jeune avocat de grand talent — a été fusillé par les bolcheviks à la suite de la découverte à Moscou d'un complot dont il était l'instigateur. Le Juif Margoulies a été fusillé pour les mêmes raisons à Petrograd. Le nombre des victimes

juives des bolcheviks n'est pas connu, mais malheureusement il s'accroît de jour en jour.

Les Juifs russes font peut-être plus que leur part
dans la lutte qui se mène contre les bolcheviks.

Et si quelques éléments de la société russe essaient
de déplacer les vraies responsabilités et de provoquer
un vaste courant d'antisémitisme, ils adoptent une politique qui est une mauvaise copie de celle de l'ancien
régime et qui peut avoir des conséquences pareillement
néfastes pour le pays. A l'heure qu'il est, la Russie a
besoin du concours de toutes ses forces vives. Semer
la discorde, provoquer ou stimuler les haines nationa-
les, c'est faire le jeu de l'ennemi de la Russie, qui reste toujours celui que combat l'Entente.

Les Juifs russes forment un élément des plus sains
du pays, un élément laborieux et civilisé qui peut, qui
doit concourir puissamment à la reconstruction et au
développement de la Russie. Ceux qui ne veulent pas
le reconnaître, qui tout au fond de leur âme ne peuvent
pas supporter l'idée de l'égalité complète des Israélites
non seulement pour les devoirs mais aussi pour les
droits, ces gens-là essaient en vain de faire tourner en
sens contraire la roue de l'histoire.

Ils n'ont pas le droit de se proclamer patriotes russes, car en semant la discorde ils minent les bases
mêmes de l'Etat russe à reconstruire.

Ils n'ont pas le droit de se proclamer amis des Alliés,
car ils sont en contradiction fondamentale avec l'idéal
pour lequel luttent les guerriers des pays libres de
l'Entente : la liberté, le droit et l'affranchissement des
nations opprimées.

CAHORS & ALENÇON, IMPRIMERIES COUESLANT. — 20.995